OBSERVATIONS

DÉSINTÉRESSÉES

SUR L'ADMINISTRATION

DU

THÉATRE ROYAL ITALIEN,

ADRESSÉES

A M. VIOTTI, DIRECTEUR DE CE THÉATRE,

PAR UN DILETTANTE.

OBSERVATIONS

DÉSINTÉRESSÉES

SUR L'ADMINISTRATION

DU

THÉATRE ROYAL ITALIEN,

ADRESSÉES

A M. VIOTTI, DIRECTEUR DE CE THÉATRE;

PAR UN DILETTANTE.

> Défions-nous du sort, et prenons garde à nous
> Après le gain d'une bataille.
> LA FONTAINE.

A PARIS,

CHEZ Anth°. BOUCHER, IMPRIMEUR-LIBRAIRE,
RUE DES BONS-ENFANTS, N°. 34;
ET CHEZ DELAUNAY ET PÉLICIER, LIBRAIRES AU PALAIS-ROYAL.

M. DCCC. XXI.

OBSERVATIONS

DÉSINTÉRESSÉES,

SUR L'ADMINISTRATION

DU

THÉATRE ROYAL ITALIEN,

ADRESSÉES A M. VIOTTI.

———

MONSIEUR,

Glorieux des succès des *Bouffes*, et affligé des dangers qui les menacent, souffrez qu'en ma qualité de *dilettante* assidu, j'aie l'honneur de vous adresser quelques observations sur les importantes améliorations qu'attend ce bel établissement, et sur les moyens d'empêcher que le vent de la mauvaise fortune ne souffle aussi sur lui. Je ne vous dirai point quel renom musical justifie la mission que je me donne. Est-il besoin de connaître le chromatique pour vous offrir de bons avis ? Je vous dirai seulement, et ceci vous donnera une idée favorable de mon goût, que je me place toujours au balcon de droite, où se rassemblent d'ordinaire les véritables amateurs.

J'y ai pour ami un vieux picciniste, qui, depuis trente ans, n'a pas mis le pied à l'Opéra; un avocat, qui ne jure que par Rossini; un poète dramatique, que Mozart seul met en verve; deux ou trois agents-de-change, qui chantent la romance; des petits-maîtres, des officiers-généraux, des Anglais, qui ne savent pas la musique, mais qui sont tous d'excellents juges. J'oubliais un connaisseur impassible, que Potier lui-même ne mettrait pas en gaîté, et qui sent d'autant plus qu'il y paraît moins; et un amateur éprouvé, lequel, par une disposition contraire, s'émeut, s'anime, s'indigne ou se pâme avec un abandon qui pèse cruellement sur ses voisins; enthousiaste si intrépide qu'on l'a vu braver les feux de la canicule, se montrer au balcon, armé d'un énorme éventail, représentant l'éruption du Vésuve.

Si tous ces auditeurs n'ont pas un goût également sûr, il n'y a du moins jamais d'inconvénient à les consulter : les anciens, comme vous savez, plaçaient la vérité dans un puits, et nous revenons au temps où les gens du monde étaient beaucoup moins ignorants qu'ils n'en avaient l'air.

J'ai, d'ailleurs, quelques motifs particuliers d'adresser à M. Viotti lui-même ces observations, sur l'administration qui lui est confiée. Rien de ce qui intéresse la réputation de ce virtuose célèbre ne m'est étranger; j'ai joui des premiers fruits de son précoce talent ; j'ai vu l'illustre maître Pugnani applaudissant lui-même aux succès du jeune Viotti, son élève ; et ces deux noms, que l'on ne sépare point en Piémont, ne me rappellent que de doux souvenirs.

Passons maintenant, sans transition, au sujet que je me suis proposé.

Le Théâtre Italien est aujourd'hui le rendez-vous de l'élite de la société de Paris ; il ajoute aux jouissances de cette moderne Athènes ; il est le point de réunion des nombreux étrangers qui apprécient peu notre musique conservatorienne ; il présente une école de mélodie, de chant et de goût, où profitent journellement ceux de nos professeurs qui ont le bon esprit de s'instruire. Il offre un sujet de comparaison entre le faux et le vrai, le ridicule et le gracieux, l'ennuyeux et l'agréable ; enfin ce spectacle, devenu un des sujets de conversation et d'intérêt les plus habituels de la meilleure compagnie, ne saurait être assimilé aux institutions d'un luxe frivole que par les personnes qui jugent avec ignorance et présomption ; et il importe que les succès qu'il a obtenus soient suivis de succès plus mérités encore, et que les vues généreuses d'un gouvernement protecteur des beaux-arts, soient secondées par les soins d'une administration vigilante et éclairée.

Cette administration, jusqu'à ce jour, a fait

de son mieux , je veux le croire ; elle a surmonté des difficultés , elle a conjuré des orages ; mais, avec les ressources qui lui étaient offertes , a-t-elle donné tout ce qu'on avait droit d'attendre d'elle ? A-t-elle , surtout , assuré convenablement nos plaisirs pour l'année 1821 ? C'est ce que nous allons examiner.

Les années 1819 et 1820 ont été marquées par les succès éclatants de l'*Agnese* , de *Don Giovanni* , du *Turco in Italia* , et par le succès de *fureur* du *Barbiere di Siviglia* , le plus beau triomphe musical que , depuis long-temps, on ait vu dans Paris. Nous avons suivi aussi, et applaudi avec plaisir *i Fuorusciti di Firenze* , la reprise du *Matrimonio Secreto* , de l'*Inganno Fortunato* , *la Pastorella nobile* , et le *Pretendente burlato* qui nous a fait connaître Pellegrini.

Così fan tutte , malgré le grand nom de Mozart , la charmante *Molinara* , le *Cantatrici villane* (1) , si séduisantes jadis , n'ont reçu qu'un accueil assez froid ; le *Barbiere* de Paisiello a été retiré ; et les opéras malencontreux d'*il Califfo di Bagdad* , d'*il Fazzoletto* , de *Casa da ven-*

---

(1) On les a jouées la semaine dernière devant une assemblée aussi nombreuse que celle qui se porte aux représentations du *Légataire* et de l'*Avocat Patelin*.

Mesdames Lebrun, Goria et Cinti ont fait les premiers rôles !!!... C'est le coup de canon de détresse.

dere, ont éprouvé les chutes les plus complètes, ou, si l'on veut, les succès d'estime les plus universels : *Torwaldo e Dorliska*, le plus faible des ouvrages de Rossini, représenté pourtant vingt fois de suite à Naples, a eu à peine ici deux représentations. Il faut le dire : c'est à la complaisance de l'administration que doivent être attribués tous ces revers; elle a cédé aux importunités de chanteurs médiocres ; elle a fait endurer au public les compositions pâles et décolorées de Chelard et de Garcia (ce dernier nous menace, dit-on, d'un *Zémire et Azor*), tandis que le public appelait à grands cris les Mozart, les Rossini, les Mayer, les Paër; et, par suite d'intrigues de coulisses, elle a monté avec une impardonnable négligence des pièces qui, bien jouées, auraient eu un meilleur sort, et des chefs-d'œuvre qui n'auraient dû être représentés qu'après de nombreuses répétitions, et joués que par l'élite des acteurs.

La voix âpre et peu sûre de Debegnis, la froideur avec laquelle Mᵐᵉ. Ronzi a chanté et joué le rôle de *Rachelina*, si gracieusement rempli autrefois par Mᵐᵉ. Festa, sont les causes de la triste réception faite à l'aimable *Molinara*.

Così fan tutte est tombé par la faiblesse de la voix de Mˡˡᵉ. Naldi, le peu de sûreté de ses intonations, son défaut d'habitude de la scène, et son insuffisance complète à remplir encore un premier rôle.

La témérité d'une actrice (Mme. Favelli) qui, à peine en état de jouer des rôles secondaires, n'a pas craint de se charger de celui de *la Comtesse Almaviva* dans *les Nozze di Figaro*, a occasionné, l'année dernière, la chute de ce chef-d'œuvre, qui attire aujourd'hui une foule immense, parce qu'il est monté d'une manière plus convenable.

Quelles leçons tirer de ces fautes ? Que conclure de ces exemples ? Que l'administration devrait adopter invariablement le principe de n'admettre, au Théâtre Italien, que des pièces dont le mérite incontestable aurait été reconnu dans les grandes villes d'Italie, telles que Rome, Naples et Milan; d'éviter les nouveautés, les essais, les pièces douteuses; d'éloigner le plus tôt possible les acteurs qui n'ont point un talent véritable, et surtout de ne plus aller chercher de chanteurs italiens dans la rue Bergère ou à Londres. Ce penchant, du reste, n'appartient pas seul à la nouvelle administration : nous avons eu successivement Mmes. Dickonse, Féron, Chaumel, Vestris, Favelli, Goria, Bereyter, etc.; et je ne suis point du tout de l'avis de ce journaliste-citoyen, qui voudrait, pour ajouter, dit-il, à l'éclat de la gloire nationale, que l'italien ne fût plus chanté que par des cantatrices françaises.

Il me semble donc que, sauf meilleur avis, il n'y aurait aucun inconvénient pour l'art, et aucune humiliation pour la gloire de la France, à ce que l'administration du Théâtre Royal Italien fît venir désormais d'Italie les sujets qu'elle veut employer. Les agences théâtrales de Milan et de Bologne, extrêmement connues en Italie, peuvent donner les informations les plus précises sur le talent, sur les prétentions et sur la disponibilité des chanteurs ; et sûrement, quoi qu'on dise, l'administration n'a négligé aucun moyen de puiser toutes ces indications aux seules sources qui peuvent les fournir.

Mais avant de nous occuper des acteurs, songeons au répertoire. L'administration s'afflige, dit-on, en quelque sorte du succès des trois chefs-d'œuvre qui sont seuls en possession d'attirer la foule, et elle craint de ne pouvoir offrir au public des ouvrages capables de soutenir la comparaison. Il est vrai que ce n'est pas chose aisée; et je conçois que les efforts d'imagination qu'elle a faits jusqu'à ce jour n'aient produit rien de bon. Toutefois en renonçant à l'absurde proscription que l'on a prononcée contre l'*Opéra seria*, en remettant à la scène quelques pièces qui ont eu jadis de grands succès, en se procurant les partitions de quelques beaux opéras du genre *semiserio*, qui n'ont jamais été représentés à Paris, on composerait assurément un répertoire très propre à soutenir la curiosité publique.

Je vais désigner quelques - unes des pièces dont je veux parler. Je les ai toutes vu jouer, et je puis juger par moi-même de l'impression qu'elles produiraient sur des oreilles françaises.

Le Duc Giornate de Mayer. On ne connaît ici de ce compositeur que les *Finte rivali*, jouées à l'Odéon, lorsque la troupe italienne réunissait Mmes. Barrilli, Festa et Correa ; et le *Fanatico per la musica*, opéra mutilé par la détestable administration de Mme. Catalani : tous les rôles avaient été sacrifiés, comme à l'ordinaire, à celui de *la Regina*. Mayer a une réputation colossale en Italie. L'ouvrage que je propose est traduit du français ; le poëme est passable ; la musique, pleine d'expression. Je l'ai entendu à Rome, en 1811. Mme. Hœser, Parlamagni et Nozzari remplissaient les principaux rôles, et le succès fut prodigieux. Vainement le théâtre Feydeau voudrait-il revendiquer le poëme de cette pièce. On lui rappellerait qu'en 88 et 89, il jouait des ouvrages imités de l'italien, tels que *le Roi Théodore*, la *Servante Maîtresse*, le *Marquis de Tulipano*, etc., sans que l'Opéra-Buffa d'alors y mît le moindre obstacle ; et qu'il ne s'est pas montré si jaloux lorsqu'il a été question de jouer de mauvais ouvrages dont le fond était tiré de leur répertoire. Il pourrait, au surplus, user de représailles, et s'emparer, par exemple, du poëme d'*il Turco in Italia.*

La Griselda, le chef-d'œuvre de M. Paër, connu et apprécié à Paris.

La Camilla, du même maître. Cet opéra n'a jamais été convenablement monté à Paris. Florence se rappelle encore l'admirable effet qu'il produisait, il y a dix ans, lorsque le premier rôle était chanté par Mme. Manfredini. Le duo du premier acte, les chœurs, le premier final, sont supérieurs, à mon avis, aux morceaux les plus applaudis de l'*Agnese.*

La Gazza ladra de Rossini. Cette pièce, promise depuis long-temps au public parisien, pourrait bien tromper son attente, si elle n'était pas mise en scène avec un soin particulier dans ses moindres détails. Le fond en est triste; le style sévère. Que l'administration exige un grand nombre de répétitions avant de produire cet ouvrage; et qu'elle profite de l'exemple de *Torwaldo* et *Dorliska*, ouvrage d'un ordre inférieur sans doute, mais qui aurait pu avoir quelques représentations suivies, si les rôles avaient été mieux distribués et mieux appris. Si on voulait monter de suite le *Gazza ladra*, il faudrait confier le rôle de la servante à Mme. Fodor, celui du *Podestà* à Pellegrini, *Pippo* à Mme. Favelli, ou bien à Graziani (le *contralto* pouvant être remplacé par un *basso*) ; le rôle du père serait peut-être convenablement joué par Levasseur , et celui du soldat conviendrait parfaitement à Garcia. Cependant, il serait beaucoup plus prudent d'attendre que l'Opéra se fût enrichi de quelques nouveaux sujets, que je désignerai tout-à-l'heure.

L'*Italiana in Algieri*, un des bons opéras de Rossini, que l'on n'a pas pu juger à Paris, parce qu'il y a été indignement défiguré.

Il Flauto magico de Mozart. J'ai entendu plusieurs fois, en Allemagne, cet ouvrage capital ; et il m'a toujours paru inconcevable qu'une si belle composition fût à peine connue en Italie. On ne la connaît guère plus ici ; car on ne peut pas décemment parler de l'ignoble parodie jouée à l'*Académie Royale de Musique*, sous le titre des *Mystères d'Isis*. Nul doute que, dans ce moment surtout, cet opéra n'obtînt à Paris le plus brillant succès, et ne fût reconnu pour appartenir à la famille de *Don Juan* et de *Figaro*.

La Pietra di Paragone, opéra-buffa de Rossini. La musique en est vive, gracieuse, originale, et elle s'éloigne un peu de la manière habituelle de ce maître. Il faudrait nécessairement changer la fin du second acte : le dénoûment est par trop absurde.

L'*Amor marinaro* de Weigl ; musique très

originale, jouée à Florence, avec une grande
vogue, en 1810.

La Dama soldato, opéra *semi-seria*, réussi-
rait à Paris, si on y avait, pour chanter le premier rôle, une actrice à voix de *contralto* expressive et tendre.

La Testa di Bronzo de Solliva pourrait encore être jouée ici; mais il nous faudrait un *buffo
cantante* à voix forte et à jeu énergique. C'est le
seul opéra de ce maître qui ait complètement
réussi : on le jouait au théâtre de *la Scala*,
à Milan, en 1816. Galli et Mlle. Fabre remplissaient les principaux rôles. Cette partition rappelle le faire de Mozart.

Le répertoire de l'*Opéra seria* est plus riche
encore, ayant été moins exploité à Paris. Je pro-
poserais de remonter *la Distruzione di Gerusa-
lemme* de Zingarelli, *la Clemenza di Tito* de
Mozart, *Gli Orazj* de Cimarosa, qui ont attiré,
pendant six mois, la foule à l'Odéon, et de nous
faire connaître l'*Artemisia*, ouvrage laissé im-
parfait par ce célèbre compositeur, et terminé,
je crois, par Cherubini. C'est une des belles
compositions que j'aie vu jouer en Italie : Velluti, Tacchinardi et Mlle. Colbran y chantaient
à-la-fois, à Bologne, en 1809. *La Rosa Bianca
e la Rosa rossa, la Ginevra di Scozia, l'Elisa,
l'Adelasia, la Medea, la Lodoïska*, tous opé-

ras de Mayer ; *Tancredi*, *Otello*, *Ciro in Babi-
lonia*, *Moisè in Egitto*, *l'Elisabetta* de Rossini ;
i Baccalnai di Roma de Generali , ont charmé
les oreilles difficiles des Romains et des Napoli-
tains , et sans doute ne réussiraient pas moins à
Paris. J'ajouterai à cette énumération , *la Ga-
briella di Vergì* , et *l'Elisabetta* de M. Caraffa ,
applaudie avec fureur, il y a deux ans, à Venise,
sous les traits de Mme. Fodor.

En mêlant avec adresse les genres *buffo*, *serio*
et *semi-serio*, les nouveautés et les reprises, on
soutiendrait infailliblement le répertoire , et on
attirerait toujours plus le beau monde, les jolies
femmes inconstantes de leur naturel, les *dilet-
tanti* qui se préviennent facilement, et tous ceux
enfin que les voix discordantes, chevrotantes ou
tonnantes des comédiens de l'Académie Royale
de Musique, commencent à fatiguer.

On remarquera que je ne propose ici que des
ouvrages généralement *forts d'harmonie*. Je ne
sais si, depuis quelques années, le goût en musique s'est perfectionné ou s'est gâté, mais on
doit convenir que les anciens ouvrages , que
les compositions qui n'ont d'autre mérite que
celui d'un chant vrai, simple et facile, n'ob-
tiennent plus que des applaudissements d'estime , et des succès affligeants pour le caissier (1).

---

(1) Il a paru dernièrement dans le *Journal des Débats*

L'exemple du *Barbiere* de Paisiello en est la preuve. En vain les journalistes de Paris, dont le savoir et l'impartialité sont cependant les premières vertus, s'étaient ligués contre les chants de Rossini; en vain ils vantaient d'avance la musique du *Barbiere* de Paisiello, que la plupart d'entre eux n'avaient jamais entendue; le parterre cassa tout d'une voix leur jugement : à la seconde représentation de l'ancien *Barbiere*, la salle était vide; et cinquante représentations de celui de Rossini n'ont pas encore épuisé l'admiration publique.

Ne disputons point longuement et inutilement sur le mérite comparé de l'ancienne et de la nouvelle musique. Il suffit de dire que les beautés musicales sont relatives aux temps, aux localités, à la mode si l'on veut, et ne sont point d'un ordre aussi positif que celles de la peinture,

---

d'excellents articles de musique, signés **XXX**. L'auteur a eu l'impertinence de vouloir que le goût musical ait subi aussi sa révolution, et que la science du contre-point ait fait des progrès depuis quelques vingt ans : autant vaudrait soutenir que Mairet et du Ryer ont vieilli. Aussi ce pauvre M. **XXX** a-t-il été sévèrement gourmandé dans le feuilleton même où il avait déposé ses audacieuses remarques! M. Duvicquet lui a montré, avec toute la grâce de la syntaxe, que *le Tonnelier* et *le Maréchal ferrant* n'ont rien perdu de leur fraîcheur.

de la poésie et des autres beaux-arts. Pergolese, Leo, Durante, Jomelli, qui firent les délices de la première moitié du dix-huitième siècle, avaient déjà vieilli en 1760. Piccinni, Anfossi, Sarti, Martini et Guglielmi, qui leur succédèrent, ont vieilli à leur tour; le charmant Paisiello qui le premier mit le chant dans l'orchestre, Paisiello lui-même *si è già imparruccato*; et il est fort probable que dans cinquante ans, dans vingt-cinq peut-être, les productions de Mozart, de Cimarosa, de Rossini, seront moins recherchées que les jeunes compositions de leurs rivaux futurs. Au surplus, que ces réflexions soient fondées ou hasardées, toujours est-il vrai que le goût actuel de toute l'Italie, de l'Allemagne, et même de Paris, se prononce moins pour une musique légère, simple et gracieuse, que pour une musique savamment conçue, variée dans ses tons, et puissante en effets d'orchestre. Il faut donc le contenter ; et je crois m'y être généralement conformé dans les indications que je viens de donner.

J'ai parlé des dangers auxquels est exposé le Théâtre Italien. Ces dangers ne sont que trop réels, et il est aisé de s'en convaincre. Après, et peut-être avant le choix des pièces, ce qu'il y a de plus important pour assurer le succès de toute administration théâtrale, c'est le choix des acteurs.

Sous ce rapport, Monsieur, je ne craindrai
pas de vous dire que le Théâtre Italien laisse
beaucoup à desirer. La méthode vicieuse, la prononciation ridicule de quelques chanteurs qui
n'ont jamais franchi les Alpes, choquent et
dégoûtent les véritables connaisseurs ; l'exécu-
tion des morceaux d'ensemble souffre presque
toujours à cet égard de la tolérance de l'administration; et plusieurs rôles importants sont même
fort mal remplis. Vos *prime donne*, à l'exception
de Mme. Fodor, qui rappelle quelquefois l'éclat
de Mme. Catalani, et qui a reçu d'ailleurs à Venise ses lettres de naturalisation, sont toutes
d'une médiocrité affligeante. Pellegrini peut être
considéré comme le seul *buffo cantante* (puisque
Levasseur est engagé à Feydeau); encore sa voix
a-t-elle baissé sensiblement depuis son arrivée
en France. Garcia est bon musicien; il a ce qu'on
appelle du métier; il domine la scène ; mais sa
voix, plus forte que mélodieuse, n'est pas toujours agréable ; il étale souvent un luxe fatigant
de roulades, ou bien, à force d'expression, il
réussit à mal chanter. Quant aux rôles secondaires, qui ont une si grande influence sur le
sort des meilleures pièces, vous conviendrez
qu'ils sont pitoyablement remplis : voyez le
Mazetto, le *Leporello* et la *dona Elvira* de
Don Juan. Et, qu'on y prenne garde ! c'est

2

surtout à Paris qu'il faut redoubler de soins et
d'efforts pour s'attacher la faveur publique,
lorsqu'on a eu le bonheur de l'obtenir. Avec
quel zèle la tourbe harmonique française, les
champions du Conservatoire, les admirateurs du
théâtre rival de Feydeau, et les gazetiers dont
un faux amour-propre national dicte les juge-
ments musicaux, ne s'empresseraient-ils pas d'a-
jouter à ces éléments de discrédit, en annonçant
la décadence du Théâtre Italien, en exagérant
les fautes de son administration, si, celle-ci, au
lieu de consolider ses succès, s'endormait dans
sa prospérité actuelle, et ne cherchait pas à faire
venir d'Italie de bons chanteurs, pour faire
face aux besoins du moment et à ceux de l'a-
venir.

On objecte que l'Italie est tout-à-fait dépourvue de sujets habiles. Erreur grossière, propos
ridicule répété de foyer en foyer par tous ceux
qui sont intéressés à y croire. Je viens de faire
un voyage en Italie, et je me suis convaincu qu'il
y existe un grand nombre de cantatrices et de
chanteurs distingués qui seraient beaucoup plus
goûtés à Paris que Mmes. Ronzi, Naldi et Favelli,
que MM. Debegnis, Graziani et Bocaccio. Je vais
mettre sous vos yeux, Monsieur, les noms et
l'emploi des principaux d'entre eux ; j'ajouterai
à cette liste un renseignement précieux pour l'ad-

ministration : c'est le prix qu'elle pourrait leur proposer pour l'engagement d'une année. J'y joindrai aussi une notice sur quelques-uns de ceux qu'il me paraît prudent d'éviter.

PRIME DONNE.

Madame Bonnini. Son extérieur est peu agréable, mais sa voix, haute et timbrée, est pleine de justesse et d'expression ; elle chantait, il y a trois ans, à Trieste, avec Velluti et Tacchinardi, dans un opéra de Pavesi. Cette actrice ne serait convenablement placée que dans le genre *serio* ou *semi-serio* ; on l'aurait à Paris pour environ 30,000 francs.

Madame Mombelli était admirable, il y a dix - huit mois, et doit l'être encore ; sa voix est légèrement nasale, mais il est impossible d'avoir une meilleure méthode, plus de pureté et plus de goût. Elle plairait indubitablement ; il faudrait lui offrir 25,000 francs.

Madame Mombelli a une sœur également célèbre ; mais celle-ci a quitté la scène en se mariant. Elles sont filles et élèves du fameux tenor de ce nom, qui partageait, il y a vingt-cinq ans, avec les David père et les Babbini, les applaudissements de toute l'Italie. Cet habile maître a su donner à ses filles un goût de chant

trop rare aujourd'hui, même dans la terre clas-
sique de l'harmonie.

Madame Cortesi, jeune et charmante personne, élève du Conservatoire de Naples. Elle
a une voix juste, douce ; sa méthode est par-
faite, et son jeu ne manque point d'agrément.
Ce serait une très bonne acquisition ; et je ne
crois pas que ses prétentions s'élevassent au-dessus de 15 à 18,000 francs. Elle chante en ce moment au théâtre de *la Pergola*, à Florence.

Mme. Pasta, qui a chanté il y a quelques années à Paris, mais dont le talent s'est singulière-
ment perfectionné. Nos artistes dramatiques au-
ront peine à croire que cette cantatrice, pas-
sionnée pour son art, a eu le courage de s'éloigner pendant deux ans de la scène, pour étudier
de nouveau l'art du chant loin des flatteurs et
des amis du lustre. Mme. Pasta est jeune, jolie
et bonne actrice ; elle joue tous les genres. L'Italie
ne possède aucune *prima donna* qui lui soit su-
périeure. Elle a débuté avec un succès extraor-
dinaire, le 26 décembre dernier, à Venise, dans
un opéra de Nicolini. On ne pourrait guère offrir
à Mme. Pasta moins qu'à Mme. Mombelli.

Mme. Adelmann Naldi est attachée au théâtre
de Lisbonne. Je ne la connais que de réputation.
On assure qu'elle a de beaux moyens et un extérieur agréable ; mais son jeu et sa méthode
laissent, ajoute-t-on, beaucoup à desirer.

Mme. Fabre, fille de français, élève du Conservatoire de Milan. Elle a chanté long-temps
au théâtre de *la Scala*, et elle ne manque ni de
talent ni de moyens ; mais elle est journalière,
et malheureusement fort sujette aux migraines,
aux vapeurs, aux parties de plaisir, etc.

Mlle. Pellegrini, fille de l'excellent chanteur
que nous possédons. Elle soutient mal l'honneur
de son nom : sa voix est aigre, criarde, et tota-
lement dépourvue de charme ; aussi Mlle. Pellegrini ne chante-t elle que la difficulté.

Mlle. Schiassetti, jeune et jolie femme, fille
d'un général de l'ancienne armée du royaume
d'Italie. Sa voix est étendue, mais elle manque
de justesse : sa méthode de chant se rapproche
plus de *la dilettante* que de *la professora*.

Mlle. Adelaïde Tosi, jeune personne qui vient
de paraître sur la scène, pour la première fois,
au théâtre de *la Scala* de Milan, dans *la Fedra*
de Mayer. Ses débuts ont été fort brillants.

Mlle. Chaumel, qui s'appelle aujourd'hui *Co-
melli*. Le séjour de l'Italie lui a profité. Elle a
cependant été beaucoup trop vantée dans les
journaux de Paris ; on a exagéré les succès assez
faibles qu'elle a eus au théâtre de Saint-Charles,
à Naples : les gazettes Napolitaines, en la met-
tant au-dessus de Mme. Ronzi, ne lui reconnais-
sent toutefois qu'un talent ordinaire, et l'eng:-

gent à demeurer encore quelques années en Italie *pour étudier*. Ce serait, à mon avis, une déplorable acquisition pour le théâtre Louvois.

Madame Fesaroni chante actuellement à Naples; sa voix, qui rappelle celle de Madame Grassini, est un *contralto* magnifique. Cette actrice a peu d'avantages extérieurs, mais elle fait oublier ce défaut par un talent bien rare; on l'aurait à Paris pour 15,000 francs environ.

Madame Mariani est, je crois, en ce moment au théâtre de *la Scala*, à Milan; *contralto* comme la précédente, mais sa voix, d'ailleurs fort belle, manque d'étendue. Elle ne conviendrait guère que comme *seconda donna*.

Madame Féron, une des anglaises que nous a montrées Madame Catalani. Elle n'a ni expression ni une bonne méthode; mais l'agilité de sa voix est étonnante. Elle *catalanise* en ce moment à Venise, avec assez de succès.

TENORI.

David fils, *tenore* du premier ordre. Il est actuellement à Rome ou à Naples; il est bien supérieur à Garcia pour le goût, et à Bordogni pour la beauté et l'étendue de la voix. On aurait probablement cet excellent chanteur pour 25,000 francs.

Je ne connais aucun artiste en Italie qui puisse lui être comparé ; il y a pourtant encore plusieurs *tenori* distingués, tels que Savino Monelli, Crivelli, Tacchinardi, Sibboni, qui commencent à vieillir ; Donzelli, qui a une voix faible, mais un bon goût de chant ; et un jeune homme de beaucoup d'espérance, dont j'ai oublié le nom, et que j'ai vu débuter l'année dernière au théâtre *Valle*, à Rome.

Bonoldi a perdu sa voix.

Nozzari consentirait difficilement à quitter Naples ; d'ailleurs il est bien changé depuis le temps où il chantait si agréablement à Paris le rôle de *Paolino*.

BUFFI CANTANTI.

Galli, le premier acteur de l'Italie. Sa voix est pleine, sonore, vibrante, et son jeu parfait. Il excelle dans les rôles d'expression, tels que celui du père de *la Gazza Ladra*, du prince de *la Testa di bronzo*, etc., et n'est pas moins remarquable dans les rôles bouffes. Il coûterait environ 30,000 francs.

Remorini : voix superbe, bien modulée, méthode de chant simple et large ; son jeu est froid, et il n'est pas, dit-on, musicien consommé : on ne s'aperçoit pas de ce défaut en l'écoutant. Il viendrait probablement à Paris aux mêmes conditions qu'y est venu Pellegrini.

Zucchelli. Cet acteur est plein d'ame, sa voix est sonore et expressive; son triomphe est l'opéra *della Moglie di due Mariti*. On pourrait lui offrir 15 ou 18,000 francs.

Ambrosi, actuellement à Naples ou au théâtre *Valle*, à Rome. Sa voix est belle, mais il a peu d'art, et sa méthode tient plus du chant d'église que de celui de la scène. Je l'ai vu cependant remplir avec beaucoup d'honneur le rôle du *Podestà* de la *Gazza Ladra*.

Ce n'est point ici une revue complète du parnasse musical que l'Italie possède encore: je n'écris que sur des souvenirs, et tel chanteur que je n'ai point remarqué, jouit peut-être justement d'une grande célébrité. J'ai négligé aussi dans cette rapide énumération plusieurs seconds sujets distingués, et tous les acteurs du troisième ordre. J'ai voulu montrer seulement qu'il existe encore en Italie un nombre suffisant de sujets précieux parmi lesquels l'administration de Paris pourrait faire les choix les plus propres à justifier la faveur publique, et à répondre aux vues du gouvernement; et s'il est vrai, comme l'a dit un poète, que

Lieto nido, esca dolce, aura cortese,
Bramano i Cigni.....

L'état politique du royaume de Naples offrirait
peut-être encore plus de moyens d'améliorer
un personnel dont on ne peut, sans prévention,
se dissimuler l'extrême faiblesse.

Mademoiselle Naldi qui vient, dit-on, d'être
engagée (*horresco referens!*) pour 18,000 fr.,
n'a point assez de voix pour remplir la très petite enceinte du Théâtre Italien; ses intonations
ne sont pas sûres; sa prononciation est tout an-
glaise, et son jeu nul. Elle ne serait convenablement placée que dans les rôles secondaires,
qu'elle pourrait jouer en concurrence avec mademoiselle Cinti.

Madame Ronzi-Debegnis ne réalise point les
espérances que ses débuts avaient fait concevoir.
Sa voix d'ailleurs faible et peu étoffée, a con-
tracté quelque chose d'aigre dans les sons élevés,
et de guttural dans les sons graves. Avec un talent ordinaire en Italie, madame Ronzi a tous
les défauts que l'on reprochait jadis aux cantatrices du premier rang, telles que les Gabrielli,
les Faustina, etc., etc. Elle est très journalière,
et, à titre de jolie femme sans doute, elle a souvent des caprices, des indispositions, des rhu-
mes subits, qui défient l'art des plus habiles mé-
decins (1). Ceci doit réveiller vos douleurs,

(1) Il est juste de dire que le zèle de Mme. Ronzi

Monsieur ; vous êtes trop bon négociant pour ne pas avoir déjà calculé que les enrouements qui ont affligé cette jolie actrice depuis deux ans, ont fait perdre plus de recettes à l'administration, que n'aurait coûté une *prima donna di cartello.*

Madame Favelli, *seconda donna* tout au plus, a le plus pressant besoin de respirer l'air de l'Italie. Elle ne pose point sa voix ; elle n'est pas sûre de ses intervalles. Sa méthode de chant est vicieuse ; sa prononciation burlesque pour quiconque a étudié deux mois dans *Veneroni.* Cependant elle a de beaux moyens : un long séjour au-delà des Alpes, et un bon maître, pourraient la mettre un jour au premier rang. En attendant, elle est pour nous, surtout lorsqu'elle ose chanter Mozart, au-dessous de la médiocrité.

Il me semble que l'administration devrait poser aussi en principe de ne présenter au public que des sujets tout formés ; et je ne sache pas que le Théâtre Royal Italien ait dû être considéré jusqu'à ce jour comme une école de perfectionnement à l'usage des élèves *italiennes* de la rue Bergère.

On assure, au surplus, que Mme. Favelli

---

soutient seul le théâtre depuis dix jours, et que, sans cette cantatrice, force serait de fermer boutique, jusqu'à la rentrée de Mme. Fodor.

passe à l'Opéra (1). Cette nouvelle n'aurait rien
d'absolument fâcheux pour nous autres *dilettan-
ti*; mais il est difficile de croire qu'une cantatrice
qui peut aller exercer ses beaux moyens sur les
bords harmonieux du Tibre ou de la Brenta,
aille volontairement s'exiler sur des rives bar-
bares.

Quoi qu'il en soit, l'audace de Mme. Favelli encourage, dit-on, Mlle. Cinti à vouloir
s'essayer aussi comme *prima donna*. J'espère,
Monsieur, que vous n'autoriserez une telle li-
cence que lorsqu'un joli minois et un gentil cor-
sage seront des titres suffisants pour la prendre.
Mademoiselle Cinti n'est encore qu'une *prima
donna* de boudoir.

Nous avons déjà rendu hommage au beau talent de Mme. Fodor. On ne saurait lui repro-
cher qu'un léger penchant à enjoliver, par des
agréments déplacés, des airs qui veulent être
chantés comme ils sont écrits. Mozart ne laisse
rien à faire à son chanteur. Avec un talent aussi
magnifique que celui de Mme. Fodor, on peut
dédaigner les applaudissements des amis du

---

(1) Pour y remplacer, dit-on, Mme. Albert, dans
la *Mort du Tasse*. Pauvre Tasse! après avoir été si
cruellement traité par MM. Baour, Buchon et Tro-
gnon, il ne te manquait plus que d'aller mourir à
l'Opéra!...

parterre, surtout lorsque les mains qui les don-
nent sont encore toutes calleuses des pénibles
suffrages prodigués, la veille, à Mlle. Paulin et
au chanteur Nourrit. Madame Fodor est aujour-
d'hui la pierre angulaire du Théâtre Italien ; c'est
dire que la moindre altération dans la santé de
cette précieuse cantatrice pourrait, malgré son
zèle éprouvé, mettre l'administration dans un
cruel embarras. Il y a donc péril en la demeure,
et nécessité urgente à s'assurer d'une seconde
prima donna, vraiment digne de chanter auprès
de Mme. Fodor, à moins qu'il ne soit bien prouvé
que mesdames Ronzi, Naldi et Favelli sont capables de porter le poids de tout le répertoire actuel,
et de monter les ouvrages nouveaux, dont l'administration et le public ne sauraient se passer plus
long-temps.

Quant aux hommes, un second *tenore* et deux
buffi cantanti sont absolument nécessaires pour
remplacer Bocaccio qui est au-dessous de zéro ;
Porto, en qui une belle voix ne pouvait faire
excuser le défaut absolu de méthode et de goût ;
Graziani, qui n'a ni voix ni méthode, et qui
rappelle trop souvent le grimacier de *piazza san
Marco* ; Levasseur, qui passe à Feydeau, et Debegnis dont la voix est fausse, et qui, d'ailleurs,
est trop bon époux pour ne pas partager les des-
tinées de Mme. Debegnis.

Je n'ai point parlé de Bordogni, parce que

ce chanteur, qui possède tout le talent d'un *primo tenore*, n'a ni assez de voix, ni assez d'usage de la scène, pour remplir un premier rôle devant le public parisien. C'est un chanteur utile, mais nullement indispensable; et pour ce qu'il coûte, on pourrait engager un acteur qui chantât et qui jouât. Nous n'avons réellement qu'un *primo tenore* : autre faute impardonnable de l'administration.

Je crois inutile d'insister davantage sur l'insuffisance de la troupe actuelle : bon gré, mal gré, il faut, ou fermer le théâtre, ou chercher de nouveaux acteurs; et il n'y a plus un moment à perdre.

Si les informations que je viens de donner sont exactes, on pourrait, ce me semble, composer la troupe italienne, pour l'année théâtrale, qui commencera en avril prochain, ou tout au moins pour le trimestre d'après (car on sait qu'en Italie les engagements ne sont ordinairement que de trois mois) de la manière suivante :

PRIME DONNE.

Mme. Mainvielle-Fodor, aux appointements de..............................	45,000 f.
Mmes. Mombelli, ou Pasta, ou Bonnini.....................	30,000
Mme. Cortesi.................	18,000

CONTRALTO E SECONDE DONNE.

Mme. Fesaroni. . . . . ··	12,000f.
Mlle. Cinti. . . . . ··	6,000
Mme. Garcia. . . . . ·	4,5oo

PRIMI TENORI.

David le fils. . . . . ·	25,000
Garcia. . . . . ·	20,000

SECONDI TENORI.

N. N. ·	10,000
N. N. ·	6,000

BUFFI CANTANTI.

Galli ou Remorini. . . . . ·	3o,000
Pellegrini. . . . . ·	20,000
Zucchelli. . . . . ·. . . . . ·	15,000

BUFFI COMICI E SECONDI.

Barilli. . . . . ·	10,000
Profetti. . . . . ·	6,000
	257,5oof.

Cette somme, qui ne comprend point les
appointements des choristes et des musiciens,
paraît exorbitante au premier coup-d'œil; et
il est vrai qu'il faut beaucoup de prévoyance
et d'économie pour *lier les deux bouts* dans

une entreprise où les recettes de l'année dernière ne se sont élevées qu'à 260,710 (1), et où la petitesse de la salle n'admet point ces fortes recettes qui dédommagent des mauvais jours.

Mais plus la salle est petite, plus il est nécessaire que la troupe soit excellente et nombreuse, pour que les recettes soient au moins égales, et qu'une indisposition, un caprice, un accident, ne forcent pas de changer le spectacle au moment d'ouvrir les portes, et d'ajourner les représentations qui font de l'argent (2). Plus de trente représentations de l'année 1820 ont été manquées par des contre-temps auxquels une administration prévoyante eût su parer.

---

(1) Indépendamment de la subvention considérable que le Gouvernement accorde à l'administration du Théâtre Royal Italien.

(2) Depuis près de quinze jours, les représentations qui *font recette* sont suspendues par l'indisposition, beaucoup trop réelle, de Mme. Fodor, et l'administration a été forcée de jouer deux fois la *Molinara*, devant vingt personnes, et *il Turco in Italia*, qui ne fait plus que des demi-recettes. On assure que Mme. Fodor a demandé, pour rétablir sa santé, un congé de deux mois. Si cette nouvelle est vraie, l'administration est menacée d'un déficit de 50,000 fr. dans son budget. Il est vrai qu'elle aura la ressource de faire débuter Mlle. Cinti et aldi comme *prime donne*.

Il y a , du reste, au moins 15,000 fr. à retrancher de l'aperçu ci-dessus. Remorini coûteterait bien moins que Galli; Mme. Bonnini, et peut-être Mme. Mombelli ne seraient pas aussi chères que Mme. Pasta, Mme. Cortesi et Fesaroni; MM. David et Zucchelli seraient peut-être moins exigeants. J'évalue donc à 242,000 fr. les appointements d'une troupe qui jouerait tout-à-lafois les genres *serio*, *semi-serio*, *et buffo*, qui monterait à l'instant vingt chefs-d'œuvre que la troupe actuelle ne pourra jamais nous faire connaître, et qui permettrait surtout de combiner le répertoire de manière à ce qu'un rhume ou une indigestion ne fût pas un sujet de relâche. Et si le gouvernement voulait jamais ajouter à la subvention pécuniaire, la subvention plus précieuse d'une salle convenable, trois succès tels que ceux du *Barbiere*, de *Don Juan*, et des *Nozze di Figaro* suffiraient pour couvrir toutes les dépenses de l'administration dans une année.

J'ai dit que cette troupe coûterait au plus 242,000 fr. Examinons maintenant combien a coûté celle de l'année dernière, si toutefois mes amis du balcon ne m'ont pas trompé.

Mme. Mainvielle-Fodor , pour l'année................. 25,000 f.
Un bénéfice, à raison de... 15,000
Une gratification de..... 5,000
} 45,000 f.

Mme. Ronzi-Debegnis, pour l'année............................ 20,000

Mlle. Naldi et son père, pour
   quatre mois................ 10,000

Mme. Favelli, pour quatre mois. 2,669

Mme. Farnucci, pour deux mois. 750

Mlle. Liparini, pour trois mois.. 3,000

Mlle. Cinti, pour l'année....... 8,000

Mme. Garcia, id............. 4,500

Mlle. Goria, pour six mois..... 2,000

Mlle. Bereyter, pour sept mois.. 2,100

Garcia, pour l'année......... 20,000

Bordogni, id................ 15,000

Pellegrini, id.............. 20,000

Debegnis, id............... 9,332

Graziani, id................ 12,000

Barilli, id.................. 10,000

Profetti, id................ 6,000

Bocaccio, id............... 5,400

Auletta, id................ 3,000

Porto, pour neuf mois........ 7,500

Levasseur, pour quatre mois... 2,666

Deux bénéfices, l'un à Mlle. Naldi,
   l'autre à Garcia............. 12,000

                         220,917f.

Ainsi, grâce aux débuts malheureux, aux essais, aux tâtonnements, la troupe italienne de 1820 aurait coûté, à 21,000 fr. près, autant que coûterait la réunion des plus beaux talents de toute l'Italie. Je demande maintenant si on ne retrouvera pas facilement ces 21,000 fr. dans l'avantage de posséder une troupe riche en sujets de premier ordre; une troupe capable, comme j'ai eu l'honneur de vous le dire, de justifier tout ce que le Gouvernement et le public ont le droit d'exiger de l'Administration du Théâtre Italien, de jouer trois genres différents, et de monter sur-le-champ un grand nombre de beaux ouvrages. Notez que ces améliorations n'exigeraient aucune augmentation dans votre orchestre, le premier de l'Europe, mais que le voisinage assourdissant de l'Opéra a peut-être un peu gâté. Enfin, Monsieur (et ce sera ici la dernière forme que je donnerai à mon argumentation), trois pièces font aujourd'hui tout votre répertoire; et le succès de ces trois pièces repose sur les talents, sur le zèle et sur la santé d'une seule actrice!....

Si l'administration ne perd pas de temps, elle évitera facilement une ruine prochaine. La complète nullité de l'Académie Royale de Musique, est en ce moment une circonstance des plus favorables pour le Théâtre Italien. Il doit en profiter

pour fortifier sa troupe des sujets qui lui man-
quent, pour éloigner ceux qui sont un obstacle
certain à sa prospérité, et pour prendre à jamais
le premier rang dans l'estime publique. L'ou-
verture de la nouvelle salle de l'Opéra y ramè-
nera, malgré les chanteurs qu'on y entend, une
grande portion du public qui assiège tous les
soirs les guichets de la rue de Louvois. C'est
alors qu'il faut que la composition de la troupe
italienne ne laisse rien à desirer, c'est alors qu'il
faut rappeler, par le charme irrésistible de la
mélodie, ceux qu'un vain luxe de décors nouveaux aura un moment conduits ailleurs. Son-
gez, Monsieur, que la vogue n'est point le
goût, que ce n'est point la première fois que
le Théâtre Italien possède la faveur publique,
et que nous l'avons vu cependant, dans moins
de cinq ans, tomber deux fois à l'Odéon, et
une fois au Théâtre Favart.

Mais, comme toutes les espérances humaines
doivent être mêlées de craintes, quelques personnes pensent que la décadence imminente,
que la ruine prochaine du genre dit *Grand-
Opéra*, tel qu'on le joue à l'Académie Royale de
musique, doit être le résultat des encourage-
ments que la musique italienne reçoit en France.
Je répondrai, si l'on veut présenter comme objec-

tion ce juste pressentiment, que le résultat que
l'on redoute ne saurait être trop promptement
obtenu. Je dois parler en *dilettante* : un spectacle qui semble épuiser , sans profit pour l'art,
sans avantage pour le public, toute la munifi-
cence du gouvernement, est un spectacle qu'il
faut recréer sur de nouveaux fondements ; le
relever pour un jour , c'est renouveler l'ef-
fort de Sisyphe , et lui préparer une chute
plus honteuse. L'Opéra a eu , comme toutes les
choses d'ici-bas, ses beaux jours : Lays a possédé
une voix magnifique , Mme. Branchu a rappelé
La Saint-Huberti ; Mme. Albert n'a pas toujours
chanté faux d'un ton ; Mme. Paulin n'a pas toujours crié péniblement ; Nourrit a eu de la grâce
et un embonpoint discret : tout cela , vaille que
vaille , passait il y a quinze ans. Mais nous
avons entendu Mmes. Barilli , Catalani, Sessi,
Fodor, Correa, MM. Crivelli Tacchinardi, Pellegrini ; et, bon gré mal gré , tout le cortège
épouvantable du vieil Opéra a reculé devant les
cygnes de l'Ausonie. L'Opéra serait cependant
le premier spectacle du monde s'il réunissait
jamais sur sa large scène la Polymnie italienne et
la Therpsichore française. Encore quelques ouvrages de la force d'*Aspasie et Périclès*, et nous
serons témoins de cette heureuse alliance , et

le vœu de tous les amateurs de l'Europe sera
enfin accompli ; à moins que l'éternelle *Cara-
vane* , *Panurge* , *les Bayadères* , *les Prétendus* ,
le Devin du village , et autres nouveautés, n'opè-
rent cette contre-révolution musicale dont on
nous a menacés.

Les faits que j'ai eu, Monsieur , l'honneur de
vous exposer sont positifs ; j'ai parlé d'après
mes impressions , et si j'ai donné peu de déve-
loppements à ces remarques écrites à la hâte, et
dictées par le seul amour de l'art, c'est qu'il m'a
semblé qu'en montrant la vérité à un homme
du métier, il n'était pas nécessaire de tout dire.

Paris, le 6 février 1821.